8° F piece
3872

A. C. J. F.

CONFÉRENCE SAINT-LOUIS

EXISTENCE ET FONDEMENT

DU

DROIT NATUREL

NIMES
IMPRIMERIE GÉNÉRALE
RUE DE LA MADELEINE, 21
—
1905

Pièce
8° F
3872

LE DROIT NATUREL

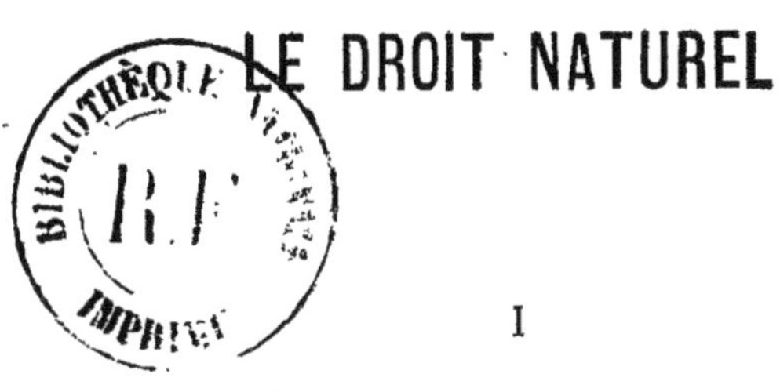

BIBLIOTHÈQUE R.F. IMPRIMÉ

I

DE L'EXISTENCE DU DROIT NATUREL

La croyance aux droits naturels de l'homme était un dogme pour l'école classique de philosophie française ; elle tombe en discrédit chaque jour. Nos jeunes théoriciens se rallient d'enthousiasme à des systèmes nouveaux venus d'Angleterre et d'Allemagne. Nous voulons examiner s'ils ont raison de briser nos traditions nationales : n'est-il donc plus vrai que tout homme, en tant qu'homme, est titulaire de certains droits ?

L'on a dit qu'une bonne méthode était une langue bien faite. Avant de disserter sur le Droit naturel, entendons nous sur le sens des mots. Le Droit, c'est l'ensemble des règles qui gouvernent la conduite des hommes vivant en société. Parmi ces règles, certaines dérivent de la libre volonté du législateur, elles constituent le droit positif ; mais d'autres, antérieures aux lois positives, découlent de la nature, même de l'homme. Lois nécessaires, par conséquent : étant donné ce que nous sommes, elles ne peuvent pas ne pas être. Lois évidentes aussi : notre raison possède une aptitude merveilleuse à les découvrir. Elles constituent précisément ce que nous nommons le Droit naturel.

De leur définition résulte qu'elles sont immuables et universelles, telles pour nous que pour nos ancêtres de l'âge de pierre, aujourd'hui encore acceptables à tous , comme lorsque Michel de l'Hôpital écrivait : « Tout ainsi que c'est le même soleil qui luit à Paris que celui qui donne sa lumière à Rome et à Constantinople, ainsi la justice divine et aussi le droit naturel n'est point autre parmi les sauvages de l'Amérique que parmi les chrétiens de l'Europe ».

Aussi bien, la nature et la raison humaines demeurent partout et toujours les mêmes. Si certains concepts juridiques découlent de notre nature, sont imposés par notre raison, le barbare doit les avoir acceptés, le sauvage doit les admettre comme nous, les civilisés.

L'on y contredit cependant et, au nom de la Science, au nom de l'Histoire et du Droit comparé, l'on prétend jeter par terre l'idole vermoulue du Droit naturel.

Il n'est pas vrai, disent les partisans de l'Ecole historique, qu'il existe un Droit universel et permanent ; il n'y a que des Droits nationaux, qui naissent, s'épanouissent et meurent, pour faire place à d'autres qui évolueront à leur tour. On sait d'ailleurs les sources d'où ils viennent : la coutume d'abord, et puis, les lois écrites. A l'heure actuelle certaines notions coutumières ont un air d'antiquité et de généralité qui aide à les faire paraître universelles et immuables. Prenons garde de nous y tromper ! Quelles sont les catégories juridiques qui nous paraissent absolues ? Le droit de propriété ? le droit de chacun à développer ses facultés ? Mais ni partout, ni toujours, les hommes n'y ont prétendu ! Même aujourd'hui, — les récits des explorateurs en font foi — certains sauvages, les Massagètes par exemple , mangent leurs parents devenus vieux. Si d'autres respectent les chairs paternelles, ils n'éprouvent aucun scrupule à faire rôtir et à dévorer celles des étrangers. Dans certaines tribus, le viol est chose permise, l'inceste est chose honorée. Dans les pays civilisés eux mêmes, le mot de Pascal est encore vrai. « Trois degrés d'élévation du pôle changent le cours de la justice : Vérité en deça des Pyrénées, erreur au-delà ! »

D'après un des évolutionnistes du droit (1) les plus récents , M. d'Aguano, nos ancêtres de l'âge de la pierre éclatée, réfugiés dans des grottes, vivaient « nus, sans propriété, sans famille, sans chefs fixes et sans travail divisé ».Pour avoir de quoi se nourrir, ils chassaient. Un peu plus tard, de chasseurs devenus pêcheurs, ils se construisirent des habitations lacustres. Ceux qui exploitaient un même lac, entretinrent des rapports de voisinage. Des relations pacifiques s'établirent entre eux. Ils saisirent la nécessité de se reconnaître des droits mutuels, et ce fut ainsi que, chez eux naquit la notion du juste et de l'injuste. On se trouvait à la fin de l'âge quaternaire.

L'idée de droit se trouvait acquise. C'était un cadre. Restait à le remplir. Ce devait être l'œuvre des siècles. Peu à peu devaient se substituer, *dans le régime des personnes*, au matriarcat qui avait remplacé l'hétairisme, le patriarcat , et au patriarcat un

(1) Giuseppe d'Aguano. — La Genesi e l'Evoluzione del Diritto Civile.
Turin 1890.

système fondé sur la liberté individuelle et l'égalité ; *dans le régime des biens*, à la communauté de village, la communauté de famille et, en dernier lieu, la propriété privée ; *dans le droit pénal*, au droit de vengeance individuelle, le système des compositions, puis celui de la défense et de la préservation sociales, etc., etc. Ainsi, dans toutes les branches du droit, en même temps que des notions nouvelles apparaissaient, les anciennes se transformaient ou s'effaçaient. En définitive, il n'en existe aucune qui n'ait été lentement, péniblement élaborée, qui ne soit le résultat d'une évolution dans les mœurs, qui ne dépende des conditions variables de la vie. Les principes qui nous paraissent les plus fermes n'ont pas été conçus de nos ancêtres ; il est vraisemblable que nos descendants ne les apercevront pas, et, devant cette constation, c'est encore une parole sceptique de Pascal qui vient aux lèvres : « La mode qui fait l'agrément fait aussi la justice »,

Cependant je crois que sous les sédiments accumulés par les barbaries successives, il demeure possible de mettre à nu le roc inébranlable des principes naturels. Sans doute il serait déraisonnable de méconnaître les transformations du droit, ses adoucissements, ses perfectionnements.. Rousseau disait : « Conscience ! conscience ! instinct divin ! immortelle et céleste voix ! guide assuré d'un être ignorant et borné, mais intelligent et libre, jugs infaillible du bien et du mal, qui rend l'homme semblable à Dieu. » Il niait l'évidence : la conscience s'est souvent trompée, elle a varié, s'est contredite ; il est des points cependant sur lesquels, malgré les apparences ou les exceptions contraires, son témoignage ne s'est pas démenti. Quels sont-ils ?

Partout, chez les peuples les plus barbares, chez les individus les plus grossiers, se rencontre l'idée du droit, la notion du juste et de l'injuste, le remords après la faute, la révolte après la peine imméritée. «Une société de brigands, dit Leibnitz (1), en même temps qu'ils se déclarent les ennemis nés de tous les autres hommes, s'impose certains devoirs et certaines formes de Droit». Le plus petit enfant, avant même de savoir parler sent l'injustice et se révolte contre elle.

« Je n'oublierai jamais, dit Rousseau (2), d'avoir vu un de ces incommodes pleureurs frappé par sa nourrice. Il se tut sur le champ : je le crus intimidé. Je me disais : Ce sera une âme servile, dont on n'obtiendra rien que par la rigueur. Je me trompais : le malheureux suffoquait de colère, il avait perdu la respiration ; je le vis devenir violet. Un moment après vinrent les cris aigus ; tous les signes du ressentiment, de la fureur, du désespoir de cet âge étaient dans ses accents. Je craignis qu'il n'expirât dans cette agitation. Quand j'aurais douté que le sentiment du juste et de l'injuste fut inné dans le cœur de l'homme, cet exemple seul m'aurait convaincu ». Il n'y a pas d'idées innées, mais la notion du juste et de l'injuste est certainement l'une des premières qui s'acquièrent. Les peuples barbares peuvent l'appliquer à rebours ; ils l'ont : c'est l'essentiel. M. d'Aguanno accorde que le sentiment du droit est né chez l'homme des lacs. Le Troglodyte qui vivait avant l'époque lacustre ne le possédait pas. Et il explique que les hommes des lacs ont forgé ce

(1) Leibnitz, Monita ad Pufendorfii principia.
(2) Emile, livre I.

concept à la suite des rapports de voisinage rendus nécessaires par la proximité de leurs habitations. Mais les grottes des Troglodytes étaient voisines aussi. Témoins, celles des vallées de la Dordogne et de la Vézère. Il faut donc en conclure qu'entre leurs habitants existait une ébauche du droit.

De ce droit préhistorique (puisqu'on veut nous opposer les temps préhistoriques) quel était le contenu ? N'y trouve-t-on pas l'application des principes qui nous paraissent primordiaux ?

Il faut se représenter la communauté primitive, tribu, clan ou *gens*, comme une société intérieurement paisible. Les droits naturels essentiels s'y trouvaient reconnus par chaque membre du groupe aux autres membres. La vie, la liberté de chacun devaient être respectées par ses égaux, sa propriété aussi, car, n'en déplaise aux socialistes, l'homme primitif était propriétaire ; propriétaire, sinon du sol, du moins d'objets mobiliers, de ses armes, de ses outils, de ses instruments de guerre et de travail ; même la mort ne l'en séparait pas, puisqu'on les enterrait avec lui. Je crois en effet à l'origine patriarcale de la société. La tribu fut la famille grossie par les naissances et par les adoptions. Le droit qui la gouverna fut équitable, humain, respectueux de la vie et de l'activité de chacun, comme le devait être la règle qui régissait une collectivité d'amis et de parents. Mais à la communauté primitive supposez une autre cause formative que des rapports de parenté : celle que vous voudrez ! Est-ce que, à l'intérieur de n'importe quelle société vous imaginez le meurtre et l'assassinat tolérés ? Est-ce que vous pouvez supposer violé sans cesse et sans motifs, le droit de chacun au respect de sa personne, à l'exercice de son activité ? Mais une société au sein de laquelle de pareilles suppositions ne seraient pas des hypothèses chimériques, mourrait du mal interne dont elle serait frappée ; elle se dissoudrait ; chaque famille, chaque individu fuirait de son côté.

Comment donc a-t-on pu nous représenter nos ancêtres préhistoriques comme de vrais tigres se déchirant les uns les autres ? Ecoutons là dessus M. Tarde, (1) qui nie le droit naturel, et dont, précisément pour ce motif, j'aime à citer le témoignage. « Les primitifs peuvent donner lieu aux jugements les plus contradictoires, suivant qu'on les juge d'après leurs rapports avec les étrangers, avec les individus arpartenant à d'autres tribus, à d'autres familles, même voisines de la leur, ou d'après leurs rapports avec les membres de leur petit groupe... Dans leurs relations externes qui sont de beaucoup les plus nombreuses — et voilà pourquoi la plupart des voyageurs et des érudits n'ont aperçu que celles là — ils sont grossiers, cruels, inhumains....: Mais ce qu'on ne voit pas, chez les primitifs, est souvent plus essentiel à considérer que ce qu'on voit. Or, ce qu'on ne voit pas chez eux, d'ordinaire, parce que c'est chose secrète et très murée, ce sont leurs relations internes, c'est ce qui se passe dans leur cœur, ce qui s'y agite de remords vrais quand ils ont commis un fratricide ou tout autre crime au préjudice d'un de leurs frères, de leurs concitoyens coréligionnaires ; et c'est parmi ceux-ci, spectateurs des forfaits impies, le scandale, l'indignation, la honte, la douloureuse pitié aussi, causés par cette abomination, d'ailleurs très rare ».

(1) Les transformations du droit.

Tous les livres sacrés, toutes les légendes antiques, sont pleins de l'indignation provoquée par les Caïn, les Polynice, les Etéocle ; même le parricide d'Oreste, commandé par les Dieux, n'est pas excusé. Ainsi, non seulement le primitif a la notion du juste et de l'injuste, mais il l'applique à propos dans ses rapports avec ses confrères. Il perçoit les grands principes du droit naturel , il les met en pratique dans la petite société dont il dépend.

Mais alors, pourquoi donc en refuse-t-il le bénéfice aux étrangers ? Les étrangers sont des hommes comme ses frères ou ses voisins. Si les principes de droit naturel sont imposés par la raison comme dérivant de la nature humaine, il doit leur reconnaître la faculté de s'en prévaloir. Oui, en thèse, pourvu que des faits n'interviennent pas, qui feraient obstacle à l'application de ces principes. Or, chez les peuples primitifs, que d'occasions d'oublier le droit pour se mettre au-dessus de faits insupportables ! Essayons de nous figurer ce que pouvaient être les conditions de la vie humaine aux époques préhistoriques, ce qu'elles sont à peu près restées dans l'antiquité barbare, et aujourd'hui chez les peuplades sauvages : une suite de misères sans nom, des bêtes féroces dans les régions habitées, la croûte terrestre encore mal affermie, et des tremblements de terre, et des cataclysmes, comme ce débordement de la Baltique, au ive siècle de notre ère, qui chassa les Goths sur les frontières romaines. Songeons comme les famines devaient être fréquentes, si vraiment, comme un économiste anglais l'a calculé, il faut à une tribu de sauvages chasseurs soixante kilomètres carrés de terrain libre pour tuer de quoi manger ; songeons à quel degré pouvaient monter

les convoîtises, chez des natures que la civilisation
n'avait pas adoucies ; nous jugerons alors sans
peine que l'état normal devait être entre les tribus
l'état de guerre. Si l'une habitait des bois giboyeux
ou les bords d'un lac poissonneux, une autre, affa-
mée, rôdait pour la déposséder. Elle devait toujours
être en alerte, se garder, surveiller son voisinage
et mettre hors le droit l'étranger, comme un poste
militaire crie : « Au large ! » à qui l'approche.
Un étranger, c'était un ennemi ! Si un membre de
la tribu le tuait, le volait, c'était un fait de bonne
guerre qui pouvait donner lieu à des représailles,
à un jugement, à un châtiment, jamais !

Tel fut le point de départ de l'évolution juridique ;
les principes du droit naturel connus de tous,
appliqués à l'intérieur du groupe domestique, les
étrangers exclus. Bientôt cependant les barrières
séparant les hommes devaient s'abaisser, les relations de droit s'étendre en grandes ondes, de la
famille à la tribu, à la cité, à la patrie, et englober
de la sorte des milliers de concitoyens, des millions
de compatriotes, jusqu'à ce que la vision de la
société universelle fût éprouvée et le droit naturel
pratiqué dans toute la splendeur de ses consé-
quences. C'est qu'en effet, les deux obstacles à
l'extension de son application, la guerre universelle et la misère commune, allaient finir par dispa-
raître, et la prospérité et la paix permettre le
débordement de ses principes du sein de la tribu
sur l'humanité toute entière. Les guerres de classes
atténuées, chaque homme reconnut les droits naturels à tout habitant de sa ville ; les guerres de cités
à cités devenues plus rares, il les étendit à tous
ceux de sa province ; à tous ceux de son peuple,

quand il n'y eut presque plus de guerres entre pro-
vinces ; à tous les Hommes enfin, quand les guerres
de nation à nation ne furent plus engagées qu'à
titre de lamentables nécessités. De sorte que, si l'on
veut donner une formule exacte de l'évolution juridique, il faut renverser la devise adoptée par la
ligue des pacifistes. Ce n'est pas « la paix par le droit »,
c'est « le droit par la paix » qu'il faut dire. Mais voici
comment cette formule doit être entendue. Sur tout
continent, quel que soit l'âge du monde, dès que
l'état de guerre est exceptionnel, l'application des
principes du droit naturel devient possible et se réa-
lise. Un siècle moins tourmenté qu'un autre pratique
mieux le droit naturel. Cependant, les notions fon-
damentales en sont connues même des civilisations
les plus misérables. Dans ce qu'elles ont d'essentiel
elles sont incommutables comme la raison qui les
impose et la nature humaine dont elles dérivent.

II

FONDEMENT DU DROIT

« Être libre, reste libre ! » Tel serait d'après
Victor Cousin, le commandement de la raison, où le
droit naturel trouverait son principe. La liberté serait
le fondement du droit. Mais, par liberté, que faut-il
entendre ? Est-ce le libre arbitre ? L'école de la
morale indépendante le soutient. Mais, en conscience, puis-je tout ce que je veux ? Est-ce, pour
parler comme Kant, la liberté autonome dégagée
des mobiles et dans la pleine maîtrise d'elle-même, se
pliant au devoir ? Le fondement du droit serait donc
le devoir. Mais il m'est loisible de faire une foule
de choses auxquelles je ne suis nullement tenu.
Le libre arbitre est une base trop large, la liberté

autonome une base trop étroite. Cependant, il y a
moyen d'élargir ce système sans aller aux excès
du premier, c'est de prendre le mot *devoir* dans le
sens d'une obligation morale, incombant à chacun,
de tendre vers la perfection, qui est la fin de son
être et de sa vie , *Estote perfecti* , dit l'Évangile.
Dès lors, sous peine de se contredire, si la loi morale,
très lumineuse à la raison éclairée de sa foi,
m'ordonne de tendre au bien, au meilleur et au par
fait, elle doit m'en garantir le pouvoir, m'assurer
vers le bien, le meilleur et le parfait une marche
sans entrave, interdire par conséquent aux autres
de m'empêcher jamais d'aller très librement où m'appelle le devoir ; c'est là mon droit et un droit invio-
lable ! Sur ce droit nul ne peut empiéter , et il
n'est point de force humaine qui puisse légitimement
prévaloir contre le devoir. Si pourtant la violence
arrive à ses fins, le dernier mot n'est pas en sa faveur,
et d'un homme ou d'un peuple héroïque, l'on exalte
le courage et la vertu, par cet éloge au-dessus de
tout autre : il a lutté, il est mort pour son droit ;
et cela revient à dire : il a lutté et il est mort pour
son devoir !

De cette inviolabilité du droit, l'homme a conscience ; il en garde, dans son cœur, le sentiment ;
c'est le sentiment même de la justice et de la
liberté. Impossible d'y contredire ou de le méconnaître, sous peine de tronquer la nature humaine.

Pourtant, les négateurs du Droit naturel prétendent à faire régner la justice ; seulement, au lieu de
parler, comme nous, de droits intangibles et sacrés,
ils parlent des besoins de l'âme moderne. N'importe ! Il faut les satisfaire, et les voilà qui rêvent
de faire l'humanité plus heureuse par toujours
plus de justice ! Stuart Mill nous fait part dans ses

mémoires du désir enthousiaste qui le prit à la lecture de Bentham : «J'avais un but, dit-il, réformer le monde !» Et ailleurs, il écrit que, pour y atteindre, il voulait faire prévaloir *la règle d'or* (the goldep rule) de Jésus de Nazareth : « Ne faites pas aux autres ce que vous ne voudriez pas qu'on vous fît. »

Et cependant, en dehors de la vieille tradition chrétienne ou spiritualiste, rien ne tient plus, en fait de justice et de liberté ! Impossible aux théoriciens de toute école de conserver l'une ou l'autre. Aussi bien l'étendue, la sincérité de leurs efforts mettent en relief l'inanité de leurs tentatives. Nous en serons convaincus par le ressouvenir des systèmes qui se partagent la faveur du jour.

Descartes avait dit : « Donnez-moi la matière et le mouvement, je referai le monde ! » — Donnez-moi le plaisir et la peine, s'écrie Bentham avec un égal enthousiasme, et je créerai un monde social et moral, je produirai, non seulement la justice, mais encore la générosité, le patriotisme, la philanthropie, toutes les vertus aimables et sublimes dans leur pureté et leur exaltation !

A la fin du XVIII⁰ siècle, Hobbes avait fait reposer la justice sur l'égoïsme, Adam Smith, sur la sympathie. Le premier plaçait le droit dans l'intérêt du plus fort, le second dans l'intérêt de tous apprécié par un spectateur impartial. Le but de l'école utilitaire contemporaine a été de concilier leurs doctrines. Elle a soutenu que tout acte procurant un plaisir était juste, tout acte procurant une peine, injuste. Elle nous a proposé l'intérêt pour règle de conduite. Elle a dit « Pesez les plaisirs, pesez les peines, et, suivant que les plateaux de la balance inclineront de l'un ou de l'autre côté, la question du tort et du droit sera décidée. » A semer ainsi l'égoïsme, elle a prétendu récolter les vertus sociales. Par quelle subtile opération ? Nous sommes curieux de le savoir.

Pour les premiers utilitaires, la chose allait de soi. Nourris d'Adam Smith, ils pensaient que les intérêts bien entendus sont identiques au fond pour tout le monde, et que, pour subordonner l'utilité particulière à l'utilité générale, c'était assez de rester raisonnable, sans qu'il fût besoin de se faire désintéressé.

Bientôt cependant l'économie politique anglaise devenait une « science lugubre » ; elle recevait de Malthus et de Ricardo des lois désespérantes ; elle se laissait dominer par le principe de la lutte pour la vie, transporté, dans toute sa brutalité, du règne animal dans le règne humain.

Sous l'influence de ce pessimisme, les utilitaires renoncèrent à l'harmonie présente et universelle des intérêts, mais en rééditant le vieux mot de Bacon : « L'âge d'or n'est pas derrière nous, il est devant nous ! » C'était remettre à plus tard la solution de l'équation des utilités générale et particulière. Que faire, en attendant, sinon des lois de conciliation entre l'une et les autres ? De la sorte, on avait chance de rapprocher une ère de justice, dont l'aurore ne pouvait pas ne point briller bientôt.

Fort bien ! Mais quand ces beaux jours viendront, je serai mort ! Je ne dois pas vivre dans l'âge d'or, mais dans l'âge de fer, tout au plus dans l'âge d'argent ! Et alors, comment se termineront les conflits d'intérêt que je prévois inévitables entre mes semblables et moi ? Comment serai-je protégé vis-à-vis de la société ? Comment elle-même le sera-t-elle vis-à-vis de moi ? Que deviendra la liberté ? Que deviendront la justice et le droit ?

« Le droit, nous apprend Stuart Mill. c'est un pouvoir que la société est intéressée à accorder à l'individu. » — Mais alors, intéressée à m'accorder aujourd'hui les droits de vivre et de posséder, la société peut l'être demain à me les refuser, et ce sera encore le droit ! De fait, Bentham examine très sérieusement ce qu'il y aurait à faire, s'il restait prouvé que la réduction de tous les catholiques anglais en esclavage par les protestants, et de tous les protestants irlandais par les catholiques, profiterait au bonheur du plus grand nombre, puis, il conclut sans sourciller : « Il faudrait se décider pour l'esclavage ! » — Il s'empresse, il est vrai, de déclarer son hypothèse inacceptable ; il admet aussi que le malheur des esclaves produirait un excédent de peines, que ne pourrait compenser un excédent de bonheur chez les autres. — Et s'il s'agit tout simplement d'asservir un individu au lieu d'une population entière ? La société peut y trouver son compte ! Voici un alcoolique, un tuberculeux, qu'il disparaisse ! C'est la loi de fer de l'intérêt général contre les intérêts, contre les droits individuels sacrifiés, ou tout au moins bien compromis, et mal défendus. Cependant lirons-nous sans indignation dans les journaux ce fait-divers : « Ces temps derniers, dans un faubourg populeux, mourait une veuve d'alcoolique. Elle laissait trois enfants tuberculeux, destinés à périr de faim et de misère. Un ouvrier, son voisin, les a recueillis. Averti, le Parquet l'a fait arrêter. » Le jour où un jury se trouvera pour condamner cet homme, le triomphe du principe utilitaire sera complet.

Après les droits individuels compromis, que deviennent les droits de la société ? A quel titre m'imposera-t-on de respecter l'intérêt de mes semblables ! Si l'accord est parfait entre ces droits, ces intérêts et les miens, le problème est résolu. Mais le cas est rare d'un accord parfait ; trop souvent le bonheur des uns fait le malheur des autres, et l'homme est un rival pour ses pareils. Respecter les droits d'autrui, c'est donc, le plus souvent, s'imposer un sacrifice, et voilà pourquoi toute morale sociale suppose le désintéressement et tâche à le justifier. Les utilitaires y réussiront-ils ? Voyez plutôt.

Le premier ressort qu'ils font jouer, pour mettre la machine humaine en mouvement, c'est le plaisir, dont l'intérêt n'est, suivant le mot barbare de Bentham, que la *maximisation*. Seulement, ce qui fait la valeur d'un plaisir, c'est que j'en jouisse, moi et non pas un autre.

Mais si le plaisir est le but où je dois viser tout d'abord, quand même vous seriez mille ou deux mille, vous ne m'arrêterez pas de chercher le mien et non le vôtre. Invoquerez-vous, comme Bentham, des raisons d'arithmétique ? Direz-vous : « Si l'individu sacrifie ses passions sur l'autel du bien social, des quantités d'hommes au lieu d'un seul, vont se trouver satisfaites. La somme de bonheur général s'élèvera. Donc, cette immolation s'impose. » Si je fais abstraction de moi-même, ce raisonnement peut m'impressionner. Mais, si je me place à mon point de vue particulier, je constate que, sur le grand livre du bonheur, au fur et à mesure que, par mon sacrifice, j'augmente l'actif social, j'enfle mon passif ; mes dépenses pour les autres sont des pertes pour moi ! Au contraire, si j'accrois le passif social, c'est mon actif que je grossis. Sans doute, je ne rends ainsi qu'un homme heureux, mais cet homme, c'est moi-même, c'est-à-dire le seul dont l'intérêt m'est cher !

Malgré les apparences, il faudrait proclamer la concordance présente des intérêts individuels et sociaux si la thèse était vraie d'une école récente, l'école sociobiologique. Je cite comme ses principaux partisans, MM. Schœffle (1), Izoulet (2), et le Directeur de la *Revue internationale de sociologie*, M. Worms, auteur d'une thèse de lettres célèbre « Organisme et Société ». Le principe de ces divers ouvrages est qu'une identification absolue serait possible entre les organismes et les sociétés humaines. Chacune constituerait un être, un hipperzoaire, les sociétés religieuses étant des hipperzoaires femelles, les sociétés laïques, des hipperzaires mâles. Chaque hipperzoaire, formé de cellules qui seraient les individus, aurait un cerveau qui serait l'État, des ganglions nerveux qui seraient les villes, des nerfs qui seraient les fils télégraphiques, des frontières qui seraient l'épiderme, etc, etc. L'ouvrage de M. Worms a quatre cent quatre pages, et, tout le long, des analogies de ce genre sont développées. On cite un trait spirituel de son président de thèse. M. Worms n'a pas dit à quoi dans la société pourraient correspondre les globules blancs qui sont dans le sang. Le président lui en fit la remarque et lui demanda s'il pouvait réparer cet oubli. M. Worms chercha sans trouver : « Eh bien ! lui dit son examinateur, vous n'y êtes pas ? Mais ce sont les agents de police, ils activent la circulation ! »

Comment, de ces analogies, conclure à la con

(1) Baù und Leben des Socialen Corpers-Vienne.
(2) La cité moderne.

cordance des intérêts? La chose est simple. On se
souvient de la vieille fable « des membres et de
l'estomac », et de là façon dont furent punis les
membres, qui avaient péché contre l'intérêt général.

> Les mains cessent de prendre,
> Les bras, d'agir, les jambes, de marcher,
> Tous dirent à Gaster qu'il s'en allât chercher.
> Ce leur fut une erreur, dont ils se repentirent ;
> Bientôt les pauvres gens tombèrent en langueur,
> Il ne se forma plus de nouveau sang au cœur,
> Chaque membre en souffrit, les forces se perdirent.

D'où l'on conclut que l'intérêt général et. l'intérêt
particulier se confondent. N'est-ce pas le cas de
rappeler le vieil axiome : comparaison n'est pas raison !
Il faut ajouter qu'après de vifs succès, l'École sociobiologique a vu décliner sa popularité. Elle avait
fait d'illustres recrues ; mais elle en a beaucoup perdu
en route, tel M. Tarde, déclarant dans un de ses derniers ouvrages qu' « il est temps de couper le cor-
don ombilical rattachant la sociologie à la biologie,
sa mère. »

Au contraire, l'École solidariste gagne tous les
jours des adhérents chez nous.

Elle pose en principe l'adéquation de · l'intérêt
général et de l'intérêt personnel. Mais ce dernier
mot n'a. plus dans sa terminologie le sens qu'il
prenait dans celle de Bentham, où il désignait le
plaisir individuel à son maximum. Il évoque la fin
même que propose à l'homme la morale spiritualiste,
l'épanouissement des facultés de son cœur et de son
esprit. Cette fin, le plus sûr moyen de l'atteindre
est de s'immoler au bonheur de ses semblables.
Aussi l'école de sociobiologie protestante a raison
d'invoquer ici l'exemple du Christ donnant sa vie

BIBLIOTHÈQUE R. F. IMPRIMÉS

pour l'humanité. Seulement, la plupart des solidaristes font parade de positivisme et prétendent, au nom des faits, nous commander le sacrifice.

M. Léon Bourgeois a publié un petit ouvrage « *Solidarité* », qui a bénéficié de la célébrité politique de son auteur. Il y développe la thèse du « quasi contrat social », qu'il oppose à celle de Rousseau, celle du contrat social. Dans la langue de notre droit civil, on appelle quasi-contrat toute situation de fait, volontaire et licite, d'où découlent des obligations. La vie sociale est cette situation de fait : nous avons reçu de nos ancêtres, nous devons rendre à nos contemporains et à nos descendants.

Le nouvel ouvrage « *L'État, le droit objectif et la loi positive* », du distingué professeur de la Faculté de Bordeaux, M. Léon Duguit, est un des plus attachants qui se puissent lire, et les conclusions font le plus grand honneur au libéralisme de l'homme et de l'écrivain. Mais aujourd'hui nous n'examinerons que son principe. M. Duguit part de ces deux constatations 1° l'homme est une conscience et une volonté individuelle ; plus il pense et plus il veut de choses, et plus il est homme ; 2° l'homme est un être social ; quand il vit en société, il meurt moins vite et souffre moins. D'ailleurs, l'homme naturel de la Boétie, de Locke et de Rousseau n'a jamais été scientifiquement constaté. Le groupement humain est le « fait de nature. »

Comment ce fait se traduit-il dans la conscience et la volonté individuelle ? Dans la société, petit à petit, l'homme prend conscience des rapports de ressemblance qui l'unissent à ses semblables. Il se connaît des besoins pareils. De la recherche en commun des moyens de les satisfaire naît le sentiment de la cohésion sociale et la volonté d'y coopérer ; d'où une premiere forme de solidarité, la solidarité par similitudes. Cette pensée, cette volonté restent individuelles. La première perception de la solidarité perfectionne donc l'être humain en lui faisant penser des choses nouvelles, vouloir des choses nouvelles. C'est une première preuve de la concordance de l'intérêt individuel et de l'intérêt général.

Mais si les hommes ont des pensées, des désirs et des besoins semblables, ils en ont aussi de différents. Les hommes naissent différents et la civilisation consiste dans une différenciation croissante, car plus les hommes pensent et veulent de choses, plus ils sont dissemblables. Comment ce nouveau fait se traduit-il dans la conscience et la volonté des hommes ? Par la volition de se spécialiser. Mais la spécialisation suppose l'échange, et de l'échange naît une deuxième forme de solidarité plus active, la solidarité par division du travail. Elle a pour facteur essentiel le développement des vocations. D'où la constatation, pour la seconde fois, que plus l'homme est parfait, plus il est social, socialisation et individualisation sont en raison directe.

On pourrait, au point de vue juridique, discuter les analogies développées par M. Bourgeois. Les faits qu'avance M. Duguit paraissent au contraire inattaquables. Mais toute doctrine solidariste, qui se prétendra ou voudra paraître positiviste, se heurtera, par ce fait même, à une impossibilité absolue. Elle pourra bien nous montrer la règle de conduite exigée par le bien social. Elle pourra nous dire : « Homme ! Si tu veux être parfait, je te rappelle la solidarité ! Concours au bien commun ! Sacrifie-toi pour le bonheur des autres. » Mais une distance infinie sépare ce conseil de cet ordre « Tu dois ! »

Et elle me paraît infranchissable, si l'on n'invoque pas le *dictamen* de la raison morale, la souveraineté de Dieu ou la parole du Christ : « Estote perfecti. »

Cette distance, les jurisconsultes allemands modernes et, en particulier, Shering, le plus illustre, l'ont franchie et dépassée, en faisant appel à la force. C'est dans la force qu'ils ont vu la génératrice du droit, et ils ont exprimé cette conception par l'adage célèbre : « La force fonde le droit ! »

La règle de droit pour eux, c'est toujours la règle de l'utilité sociale. Mais elle n'est obligatoire et vraiment règle de droit, que du jour où l'État l'impose par la force. C'est à ce moment qu'elle sort, même à nos yeux, du domaine du conseillé pour rentrer dans celui du nécessaire, et c'est ainsi que, grâce au pouvoir de contrainte de l'État, se trouvent garanties les conditions de la vie sociale. La première est évidemment l'existence d'un harmonieux équilibre entre l'État et les citoyens. Qui en garantira la réalisation et la stabilité ? Ce sera l'État lui-même, que l'on suppose, en Allemagne, sous l'influence de l'hegellianisme clairvoyant, sage et modéré, par essence. Il saura ce qui doit revenir à César et le demandera ; mais il comprendra aussi ce qui doit être la part des individus, et le leur laissera. Si les citoyens refusent d'adapter leur conduite à la règle morale, il la leur imposera. Personne, il est vrai, ne le forcera d'y conformer la sienne ; mais il saura se limiter lui-même. Dans la partie restrictive de ses pouvoirs comme dans les autres, il respectera le droit objectif, les yeux fixés sur l'intérêt supérieur de la société dont il a la garde.

Mais considérons les gouvernements tels qu'ils sont, non tels qu'ils devraient être ! Quelle confiance inspire cette *autolimitation* de l'État ? Ne nous abusons pas de mots ! Qu'est-ce que l'État ? Une sorte d'entité supérieure infiniment parfaite et infiniment sage ? Mais non ! L'État, ce sont des hommes, des gouvernants qui ont des haines, des préjugés, des intérêts et qui — plus ou moins consciemment — mettront toujours leur force à les assouvir. Dans leurs empiétements sur la sphère des particuliers, la limitation qu'ils se fixent est déterminée par leur degré d'audace, et, décidément, nous avons raison en France de nous réserver la faculté d'un appel de leurs décisions à des lois supérieures.

Et puis, les faits ne sont-ils pas contraires au principe fondamental du système ? La règle de droit ne se présenterait sous un aspect obligatoire qu'une fois revêtue de la sanction sociale. Mais M. Duguit dit fort justement qu'elle entraine, de sa vertu propre, une « vraie contrainte psychologique. » Avant toute sanction légale, elle s'impose. Elle porte en elle-même sa consécration. Fait que les positivistes reconnaissent — contraints par l'évidence — mais à leurs risques et périls. Car les morales inductives qu'ils proposent sont impuissantes à l'expliquer. De l'expérience, la raison peut bien retirer quelques formules empiriques, mais jamais une règle ferme, intangible comme le droit, rigide comme le devoir.

DÉPÔT LÉGAL

96

Année 1905

CHAMBRE DE COMMERCE D'ELBEUF

Séance du 10 Avril 1905

Présidence de M. Emilien NIVERT, Président

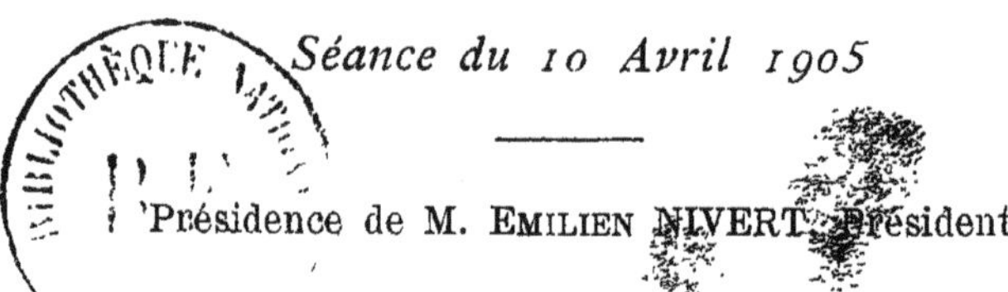

MODIFICATION A L'ARTICLE 162 DU CODE DE COMMERCE

Rapport de M. CHARLET, Membre correspondant

Au nom de la Commission de Législation, M. Charlet donne lecture du rapport suivant :

MESSIEURS,

La Chambre des députés a été saisie, dans sa séance du 29 mars 1904, par M. Maurice Viollette, député, d'une proposition de loi tendant à modifier l'art. 162 du Code de commerce, de manière qu'en cas de refus de paiement d'un effet de commerce à l'échéance, le protêt ne puisse être dressé que le surlendemain du jour de la présentation de l'effet, au lieu du lendemain.

Cette modification ne présente que peu d'intérêt pour les grandes villes ou pour celles où existe une succursale, soit de la Banque de France, soit des différentes sociétés de crédit, soit même une maison de banque privée, ces établissements laissant, dans la pratique, au tiré, la faculté de se libérer sans frais le lendemain jusqu'à midi et ne remettant les effets à l'huissier que passé ce délai.

Elle ne pourrait donc offrir un certain avantage que pour les effets payables dans les campagnes ; or ceux-ci ne représentent qu'une très minime partie des effets de commerce.

Les abus signalés dans l'exposé des motifs de la proposition, nous paraissent ne devoir se produire que d'une façon trop accidentelle pour justifier une modification qui ne serait pas sans présenter de sérieux inconvénients.

En effet, certains débiteurs profiteraient de cette mesure pour bénéficier des intérêts au détriment du porteur, les intérêts moratoires ne courant que du jour du protèt.

En outre la modification proposée aurait pour résultat de reculer encore les délais accordés aux porteurs et endosseurs pour signifier le protèt à leurs cédants respectifs, alors que, dans l'intérêt du commerce en général, il serait très désirable que ces délais soient réduits, de façon que le tireur soit prévenu le plus tôt possible du non paiement de l'effet.

Ces inconvénients seraient encore aggravés lorsque l'échéance des effets tombe un dimanche ou jour férié légal ; nous croyons, en effet, devoir vous rappeler, qu'une loi toute récente, d'ailleurs absolument justifiée, a modifié l'article 134 du Code de Commerce dans un sens très favorable aux intérêts des débiteurs, en reportant au lendemain des dimanches et jours fériés légaux, l'échéance des effets de commerce.

Mais si les intérêts du débiteur sont respectables, ceux du créancier et du porteur ne le sont pas moins.

Nous estimons donc, pour ces divers motifs, qu'il n'y a pas lieu de modifier dans le sens indiqué l'art. 162 du Code de Commerce et nous vous proposons en conséquence d'émettre un vœu défavorable à la proposition de M. Maurice Viollette.

LA CHAMBRE DE COMMMERCE,

Après lecture et discussion du présent rapport, l'approuve en ses termes et conclusions, le convertit en délibération et décide son envoi à M. le Ministre du Commerce, de l'Industrie, des Postes et Télégraphes, à MM. les Sénateurs et Députés de la Seine-Inférieure et aux Chambres de Commerce et Consultatives.

Pour Copie Conforme :

Le Président de la Chambre de Commerce,

Emilien NIVERT.

ELBEUF — IMP CREPEL, RUE SAINT-JEAN, 21

Sᵈ F¹ Pièce
3868

448

SOCIÉTÉS DE SECOURS MUTUELS

LOI

DU 1ᵉʳ AVRIL 1898

Modifiée et complétée par les lois des 31 Mars 1903
et 2 Juillet 1904.

ET

DÉCRET

du 25 mars 1901.

PARIS

LIBRAIRIE CHEVALIER ET RIVIÈRE

30, Rue Jacob (VIᵉ)

—

1905

Librairie **CHEVALIER & RIVIÈRE**, 30, Rue Jacob, **PARIS**

GRAND ASSORTIMENT D'OUVRAGES

d'Economie Politique, de Sociologie, de Philosophie

Finances - Impôts - Banques
Bourse - Question monétaire - Administration
Enseignement - Travaux publics - Commerce
Douanes - Marine - Transport - Colonies - Economie
rurale - Régime pénitentiaire, etc.

Statistique, Démographie, Population

Questions ouvrières
Mutualité, Prévoyance, Assistance, Hygiène

Documents officiels et parlementaires

Publications des Ministères, de l'Office du Travail
et du Conseil supérieur du Travail

Projets de loi, Propositions et Rapports

DÉPOSÉS A LA CHAMBRE ET AU SÉNAT

*Le classement méthodique et l'organisation de notre Librairie,
nous permettent d'offrir ou de soumettre immédiatement, quantité
d'ouvrages, de brochures et de documents parlementaires sur une
question déterminée. Nous nous chargeons de rechercher les dis-
cussions aux Chambres et travaux préparatoires d'une loi.*

Vente par Fascicules séparés

DES

LOIS & DECRETS promulgués depuis 1794

SOCIÉTÉS DE SECOURS MUTUELS

BIBLIOTHÈQUE RF IMPRIMÉS

LOI

DU 1ᵉʳ AVRIL 1898

Modifiée et complétée par les lois des 31 Mars 1903
et 2 Juillet 1904.

ET

DÉCRET

du 25 mars 1901.

PARIS

LIBRAIRIE CHEVALIER ET RIVIÈRE

30, Rue Jacob (VIᵉ)

—

1905

Pièce
8° F
3868

LOI

Relative aux Sociétés de Secours mutuels

DU 1ᴱᴿ AVRIL 1898

(Promulguée au « Journal Officiel » du 5 Avril 1898.)

———

Lᴇ Sᴇ́ɴᴀᴛ ᴇᴛ ʟᴀ Cʜᴀᴍʙʀᴇ ᴅᴇs ᴅᴇ́ᴘᴜᴛᴇ́s ᴏɴᴛ ᴀᴅᴏᴘᴛᴇ́,

Lᴇ Pʀᴇ́sɪᴅᴇɴᴛ ᴅᴇ ʟᴀ Rᴇ́ᴘᴜʙʟɪQᴜᴇ ᴘʀᴏᴍᴜʟɢᴜᴇ ʟᴀ ʟᴏɪ dont la teneur suit :

TITRE Iᵉʳ

Dispositions communes à toutes les Sociétés.

Aʀᴛ. 1ᵉʳ. — Les sociétés de secours mutuels sont des associations de prévoyance qui se proposent d'atteindre un ou plusieurs des buts suivants : assurer à leurs membres participants et à leurs familles des secours en cas de maladie, blessures ou infirmités, leur constituer des pensions de retraites, contracter à leur profit des assurances individuelles ou collectives en cas de vie, de décès ou d'accidents, pourvoir aux frais des funérailles et allouer des secours aux ascendants, aux veufs, veuves ou orphelins des membres participants décédés.

(Loi du 2 juillet 1904). — « Les unions de sociétés libres et les unions mixtes de sociétés libres et approuvées peuvent recevoir l'approbation, à la condition de se conformer aux dispositions du présent article et des articles suivants. »

Elles peuvent, en outre, accessoirement, créer au profit de leurs membres des cours professionnels, des offices gratuits de placement et accorder des allocations en cas de chômage, à la condition qu'il soit pourvu à ces trois ordres de dépenses au moyen de cotisations ou de recettes spéciales.

Aʀᴛ. 2. — Ne sont pas considérées comme sociétés de secours mutuels les associations qui, tout en organisant, sous un titre quelconque, tout ou partie des services prévus à l'article précédent, créent, au profit de telle ou telle catégorie de leurs membres et au détriment des autres, des avantages particuliers. Les sociétés de secours mutuels sont tenues de garantir à tous leurs membres participants les mêmes avantages sans autre distinction que celle qui résulte des cotisations fournies et des risques apportés.

www.ingramcontent.com/pod-product-compliance
Ingram Content Group UK Ltd.
Pitfield, Milton Keynes, MK11 3LW, UK
UKHW021020120726
13693UKWH00005B/2109